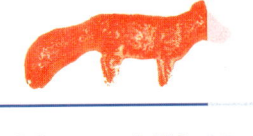

Margot Weiß

Drucktechniken für Kinder

ENGLISCH VERLAG

Die Deutsche Bibliothek - CIP-Einheitsaufnahme
Drucktechniken für Kinder / Margot Weiß. - Wiesbaden: Englisch, 1998
ISBN 3-8241-0798-8

© by Englisch Verlag GmbH , Wiesbaden 1998
ISBN 3-8241-0798-8
Fotos: Winfried Teut
Printed in Spain

INHALTSVERZEICHNIS

Vorwort   5

Drucktechniken   6
Der Fingerdruck   6
Der Korkdruck   7
Der Pinseldruck   8
Drucken mit Holzfiguren   9
Der Kartoffeldruck   10
Der Pappkantendruck   12
Drucken mit Pappe   13
Drucken mit Gegenständen   14
Drucken mit zerknülltem Papier,
Sackleinen und Schaumgummi   16
Der Blätterdruck   17
Drucken mit Styropor   19
Der Schablonendruck   20
Der Einmaldruck   22

Druckbilder   25
Ein Baum im Herbst   25
Drei Mädchen mit Luftballons   25
Die Burg in der Nacht   27
Eine große bunte Schlange   28

Bedrucktes Allerlei   30
Eine Spanschachtel –
bunt bedruckt   30
Geschenkpapier aus der
eigenen Werkstatt   31
Bedruckte Serviette   32

VORWORT

Es gibt unendlich viele Möglichkeiten, mit welchen Materialien man drucken kann.

Eigentlich lässt sich mit allen Materialien, die sich glatt auflegen lassen, drucken. Besonders geeignet sind Gegenstände, deren Oberfläche eine charakteristische Struktur aufweist, wie zum Beispiel Blätter, Korken, zerknülltes Papier und vieles mehr.

Je mehr man druckt, desto schneller entdeckt man immer wieder neue Druckmaterialien. Zum Drucken benötigt man Papier, einen Wasserfarbkasten, ein Wasserglas, einen Stofflappen, mit dem die Gegenstände wieder abgewischt werden, und dann natürlich die Materialien, mit denen gedruckt wird. Erwachsene und Kinder sollen durch dieses Buch angeregt werden, gemeinsam etwas zu gestalten, und ganz bestimmt finden sich noch andere und neue Möglichkeiten des Druckens!

Und nun viel Spaß beim Drucken und Experimentieren.

Margot Weiß

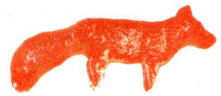

DRUCKTECHNIKEN

DER FINGERDRUCK

Material
- Papier
- Wasserfarben und Pinsel
- Wasserglas und Stofflappen
- Finger

Anleitung
Der Fingerdruck ist wohl der einfachste und bekannteste Druck. Selbst drei- bis vierjährige Kinder können schon mit ihrem Finger "Tupfen" auf das Papier setzen. Mit dem in Wasser eingetauchten Pinsel wird die Wasserfarbe angefeuchtet. Die Fingerkuppe eines Fingers wird nun in diese Farbe gedrückt, und dann druckt man mit dem Finger Farbtupfen auf das Papier. Es ist nicht erforderlich, nach jedem Druck erneut mit dem Finger Farbe aufzunehmen. Wenn die Farbe auf dem Finger weniger wird, verändert sich auch der Abdruck auf dem Papier: Jetzt kann man deutlich die Rillen in der Haut der Finger auf dem Papier erkennen. Soll die Farbe gewechselt werden, wird der Finger mit dem angefeuchteten Lappen abgewischt und in ein anderes Farbnäpfchen getaucht. Die Kinder sollten mit jedem ihrer Finger das Drucken ausprobieren, denn jeder einzelne Finger ergibt ein anderes Druckbild. Man kann auch die Tupfen teilweise übereinander setzen. Entweder lässt man die Farbe der Abdrucke zunächst trocknen und druckt dann weiter, oder man druckt auf die noch feuchten Tupfen. Dann vermischen sich die einzelnen Farben und ergeben eine neue Farbschattierung.

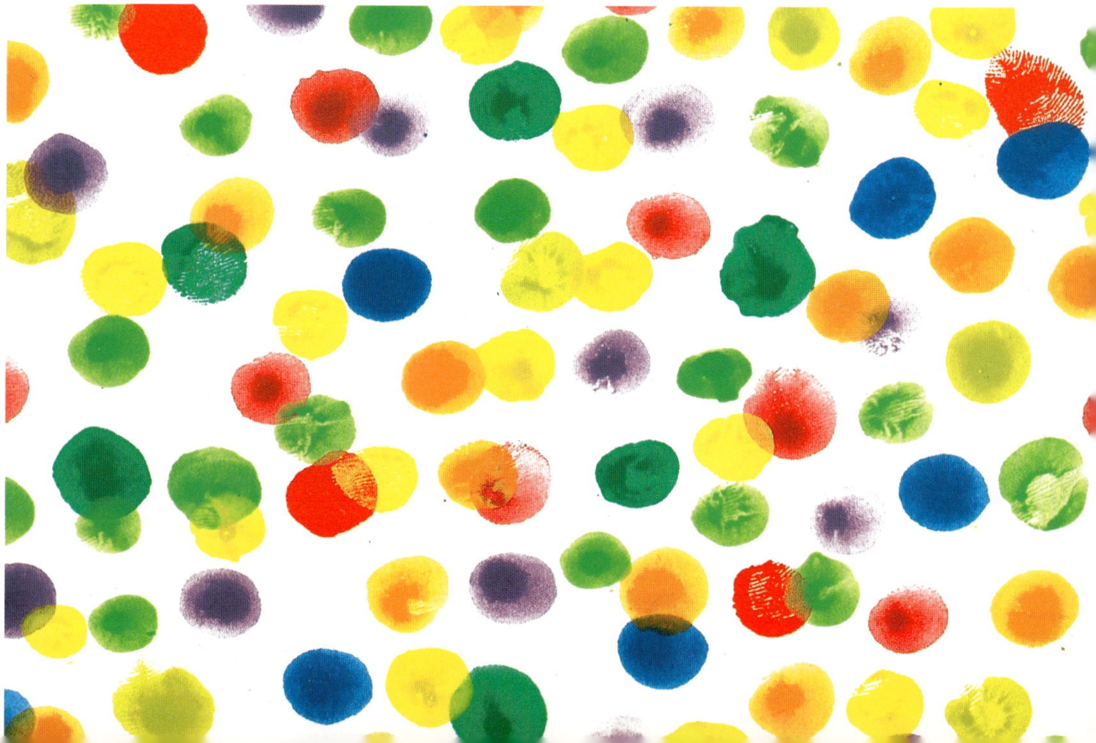

DER KORKDRUCK

Anleitung

Mit dem Pinsel nimmt man die Wasserfarbe auf und bestreicht die Unter- oder Oberseite eines Korkens. Mit diesem wird dann auf das Papier gedruckt. Es empfiehlt sich, nach jedem Druckvorgang den Korken neu einzufärben, da der Korken viel Farbe abgibt. Wird eine andere Farbe gewünscht, so hat man am besten eine Anzahl weiterer Korken parat. Man kann aber auch mit dem feuchten Lappen die Farbe vom Korken entfernen und eine neue auftragen. Meistens gelingt es jedoch nicht, die Farbe vollständig zu entfernen. Sie vermischt sich dann mit der neuen Farbe, und das Ergebnis kann ein schmutzig wirkender Abdruck sein. Um dem vorzubeugen, druckt man zunächst ein paar Mal auf eine Zeitung oder ein Stück Papier, bis die Mischfarbe ganz abgegeben worden ist. Bestreicht man den Korken mit ziemlich flüssiger Farbe, so wird im Abdruck wenig Korkstruktur zu sehen sein. Je trockener der Farbauftrag ist, desto deutlicher ist die Struktur im Abdruck zu erkennen. Auch bei dieser Technik lassen sich die Abdrucke übereinander setzen. Man druckt dann über die schon getrockneten Farben oder über die noch feuchten Drucke. Bei letzterem entsteht dann eine Mischfarbe. Auch der Korkdruck eignet sich gut für jüngere Kinder.

DER PINSELDRUCK

Material
◆ Papier
◆ Borstenpinsel
◆ Haarpinsel
◆ Wasserfarben
◆ Wasserglas

Anleitung

Auch mit verschiedenen Pinseln kann man drucken. Die linke Seite des Bildes mit den Farben Blau-Gelb-Grün zeigt das Drucken mit dem Borstenpinsel. Der Pinsel wird dabei senkrecht auf das Papier gestoßen. Mit dieser Technik lassen sich sehr schöne Farbübergänge darstellen. Dies geschieht, indem man in die noch feuchte Farbe hineintupft. Man kann mit sehr nasser oder mit trockener Farbe drucken. Dabei ergibt sich immer eine andere Struktur. Auf der rechten Seite des Bildes ist das Drucken mit einem Haarpinsel in den Farben Rot, Gelb und Orange zu sehen.

Im Gegensatz zum Drucken mit dem Borstenpinsel wird hier nicht mit der Spitze des Pinsels auf das Blatt gestoßen, sondern der Haarpinsel wird mit seiner Längsseite auf das Papier gedrückt. Auch mit diesem Druck kann man durch Über- und Ineinanderdrucken gelungene Farbübergänge erreichen.

DRUCKEN MIT HOLZFIGUREN

Material

◆ Spielzeugfiguren aus Holz
◆ Papier
◆ Wasserfarben und Pinsel
◆ Wasserglas und Lappen

Anleitung

Viele Kinder besitzen kleine bunte Holzfiguren zum Spielen. Man kann sie aber auch sehr gut zum Drucken verwenden. Mit dem Pinsel trägt man die Wasserfarbe auf die Figur auf. Dann wird sie auf das Papier gedrückt. Beim Drucken mit diesen Figuren sollte man die Fläche vor jedem Druckvorgang erneut mit Farbe bestreichen. Es erfordert ein wenig Übung beim Aufsetzen oder Abnehmen der Figur. Wenn der Druck verwackelt, ist der Umriss der Figur nicht ganz klar zu erkennen. Nach dem Drucken und bevor man eine neue Figur zur Hand nimmt, wird mit einem feuchten Lappen die Farbe von der gerade gebrauchten Figur entfernt. So kann vermieden werden, dass beim späteren Spielen mit den Holzfiguren Farbreste an Finger und Kleidung geraten.

9

DER KARTOFFELDRUCK

Anleitung

Der Kartoffeldruck ist sicher die bekannteste Drucktechnik für Kinder. Auf einem Küchenbrettchen halbiert man mit dem Küchenmesser eine Kartoffel. Mit dem Bleistift wird die gewünschte Form auf die Schnittfläche der Kartoffelhälfte gezeichnet. Es empfiehlt sich, die Schnittfläche vor dem Aufzeichnen und dem Ausschneiden trocken zu tupfen, um ein Abrutschen des Messers zu verhindern.

Hat man die Form, zum Beispiel ein Dreieck, aufgezeichnet, werden die nicht zum Dreieck gehörenden Flächen vorsichtig aus der Kartoffel herausgeschnitten. Das Dreieck ragt nun aus der Schnittfläche der Kartoffel heraus. Es wird mit Wasserfarbe eingefärbt und das Dreieck auf dem Papier abgedruckt.

Man kann einfache, aber auch ganz komplizierte Muster und Formen in die Kartoffel ritzen. Je nach Alter des Kindes sollte der Erwachsene beim Schneiden behilflich sein. Es ist aber auch möglich, die gesamte Schnittfläche der halbierten Kartoffel einzufärben und zu drucken. Bei dem Kartoffeldruck kann man mit einem Farbauftrag mehrmals hintereinander drucken. Soll nun die gleiche Form, jedoch eine andere Farbe gedruckt werden, lässt sich die vorhandene Farbe mit einem feuchten Lappen vorsichtig entfernen.

Nach dem Auftragen der neuen Farbe sollte man zunächst ein paar Probedrucke machen, um die Farbe zu überprüfen. Die zuvor benutzte Farbe kann meistens nicht vollständig entfernt werden.

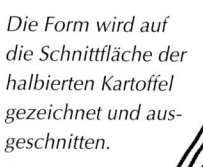

Die Form wird auf die Schnittfläche der halbierten Kartoffel gezeichnet und ausgeschnitten.

Das Dreieck ragt aus der Schnittfläche der Kartoffel heraus, man kann aber den Kartoffelstempel auch ganz in der gewünschten Form zuschneiden.

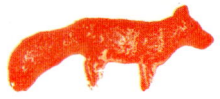

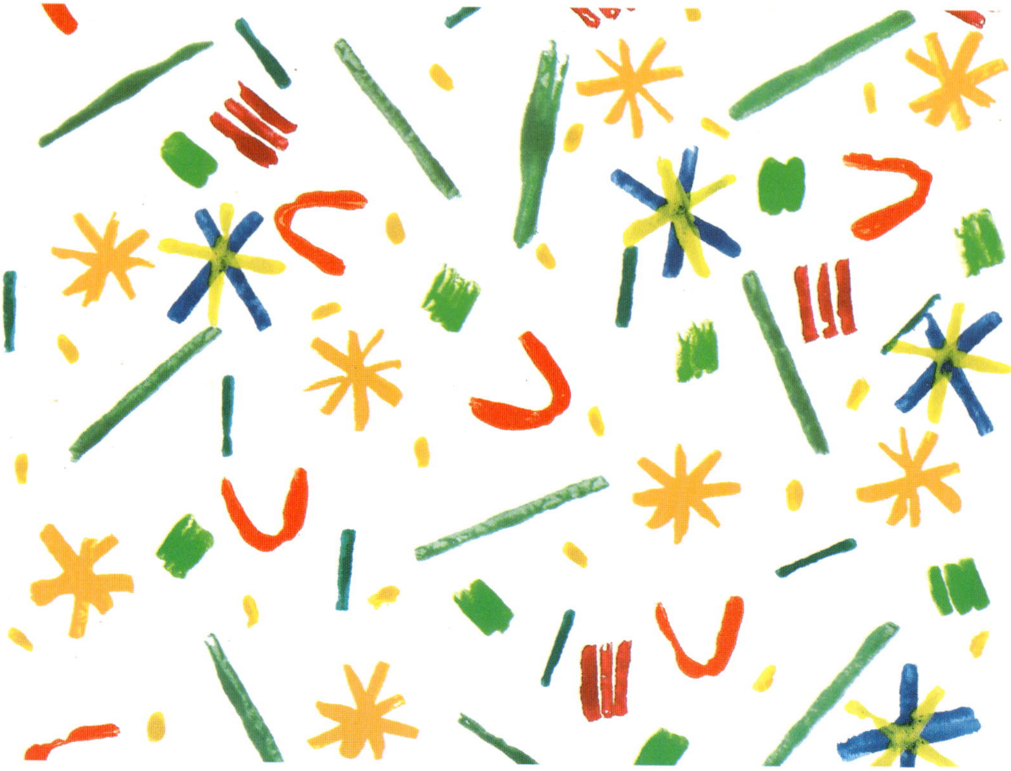

DER PAPPKANTENDRUCK

Material
- Papier
- feste Pappe (die Pappkanten sollten nicht zu schmal sein)
- Schere
- Wasserfarben und Pinsel
- Wasserglas

Anleitung
Man schneidet aus der Pappe kleine Rechtecke oder Quadrate heraus. Von den vier Kanten wird die gleichmäßigste zum Drucken ausgewählt. Sie wird mit Wasserfarbe bestrichen und fest auf das Papier gepresst. Vor jedem Druckvorgang wird die Pappkante erneut eingefärbt. Für jede neue Farbe schneidet man eine weitere Kante zurecht, denn die Farbe lässt sich von den Pappkanten schlecht entfernen. Will man eine größere Fläche drucken, so setzt man mehrere Abdrücke ganz eng nebeneinander. Auf dem Bild sind so die hellgrünen Abdrucke entstanden.
Eine Pappkante lässt sich auch biegen, und man kann dann eine halbrunde Form drucken. Mit dem Pappkantendruck lassen sich auf einfache Art und sehr schnell hübsche Figuren und Muster herstellen. Diese Drucktechnik eignet sich gut für jüngere Kinder.

DRUCKEN MIT PAPPE

Material

◆ Papier
◆ feste Pappe (die Pappe nicht zu dünn wählen)
◆ Schere und Bleistift
◆ Korken
◆ Wasserfarben und Pinsel
◆ Wasserglas
◆ Alleskleber

Anleitung

Im Gegensatz zum Drucken mit der Papp-kante wird nun die Fläche der Pappform benutzt. Man zeichnet mit dem Bleistift

Das Blatt klebt man so auf den Korken, dass die über den Rand des Korkens ragenden Teile möglichst gleich groß sind.

verschiedene Formen, zum Beispiel Blüten-stempel (Kreise) und Blätter, auf die Pappe. Jede ausgeschnittene Form wird dann auf ei-nen Korken geklebt. Das erleichtert die Handhabung beim Drucken.

Hat man eine Blatt-form, die über den Durchmesser der Kor-kenoberfläche hinaus-

schaut, sollte das Blatt so aufgeklebt werden, dass die Blattteile möglichst gleichmäßig über den Rand des Korkens hinausragen (siehe Zeichnung).

Zuerst wird jetzt die Mitte einer Blüte gedruckt. Dafür färbt man den kleinen Pappkreis auf dem Karton mit der gewünschten Farbe ein und drückt ihn fest auf das Papier. Um ihn herum werden dann die Blütenblätter gedruckt. Die Blumenstiele entstehen aus kleinen Blättern, die man aneinander druckt. Auch bei dieser Technik muss bei Farbwechsel eine neue Pappform

ausgeschnitten werden, da man die Farbe nicht so gut von der Pappe entfernen kann.

Selbstverständlich können auch weitere Formen aus Pappe ausgeschnitten werden, zum Beispiel Bäume, Tiere, Schiffe usw. Sind die Formen so groß, dass sie zu weit über den Korkenrand hinausragen, sollte man sich einen anderen „Griff" suchen, denn der Druck der Hand überträgt sich nicht auf den Rand der Pappformen. Die aus der Pappe geschnittene Form wird in diesem Fall auf ein größeres Holzstück geklebt.

DRUCKEN MIT GEGENSTÄNDEN

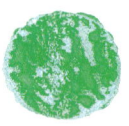

Material
◆ Papier
◆ Würfel
◆ Plastikröhrchen mit breitem Rand
◆ Holzstückchen
◆ kleines Rundholz
◆ Feder
◆ Wasserfarbe und Pinsel
◆ eine Tube Deckweiß
◆ Wasserglas und Lappen

Anleitung
Mit vielen Gegenständen aus dem täglichen Leben kann man drucken. Da sind der Phantasie keine Grenzen gesetzt. Und je mehr Dinge man ausprobiert, desto eher findet man welche, mit denen das Drucken möglich ist.
Das Bild zeigt nun einige Möglichkeiten, mit Gegenständen zu drucken. Zunächst sieht man das Drucken mit einem Würfel aus Plastik. Eine der sechs Seiten des Würfels wird mit Wasserfarbe eingefärbt. Die

Farbe darf nicht zu nass aufgetragen werden, weil sich sonst die Augen des Würfels mit Farbe füllen und im Abdruck nicht gut zu erkennen sind. Sollte bei einem trockeneren Auftrag die Farbe trotzdem in die Augen geraten, kann man ein Hölzchen oder einen Pinselstiel in die Würfelaugen führen und so die Farbe ein wenig herausdrücken. Es ist sinnvoll, vor dem Drucken erst auf Zeitungs- oder einem anderen Papier ein wenig zu üben. Die Farbe auf dem Würfel wird nach dem Drucken mit einem feuchten Lappen entfernt. Unter dem Würfeldruck ist das Drucken mit einem Röhrchen aus Plastik zu sehen. Der Rand des Röhrchens wird mit Wasserfarbe bestrichen und auf das Papier gedrückt. Bei der Auswahl des Röhrchens muss nur darauf geachtet werden, dass der Rand breit genug ist, um die Farbe aufzunehmen. Die Öffnung sollte so groß sein, dass sie sich auch bei feuchter Farbe nicht völlig mit ihr füllt.

Weiter geht es mit dem Abdruck von Holz. Hier wurden zwei verschieden dicke Holzrechtecke zum Drucken verwendet. Die Längsseite der Hölzer wird mit Wasserfarbe eingefärbt und abgedruckt. Neben der Feder sieht man den Abdruck der Oberseite eines Rundholzes. Von allen Hölzern kann die Farbe abgewischt werden, jedoch sollte das gleich nach dem Druck geschehen. Wenn das Holz nicht lackiert ist, kann die Farbe in die Holzstruktur eindringen und lässt sich dann nicht mehr entfernen. Das Drucken mit einer Feder ist etwas schwieriger und gelingt eher geübteren „Druckern". Die Rückseite der Feder wird gefärbt. Hierzu verwendet man neben

Wasserfarbe auch Deckweiß oder mit Deckweiß gemischte Wasserfarbe. Da Federn meistens etwas Fett anhaftet, perlt die Wasserfarbe leicht wieder ab. Ist sie mit Deckweiß gemischt, haftet sie besser. Der Federkiel kann durchgängig mit einer Farbe bedeckt werden, während die Federn selbst gestreift oder anders gemustert sein können. Ganz vorsichtig wird jetzt die Feder auf das Blatt gelegt und mit den Fingern leicht angedrückt.
Ist man mit dem Ergebnis nicht ganz zufrieden, färbt man die Feder erneut ein und wiederholt den Druckvorgang. Im Wasser eingeweicht, kann man die Feder wieder reinigen.

DRUCKEN MIT ZERKNÜLLTEM PAPIER, SACKLEINEN UND SCHAUMGUMMI

Material

- Papier
- Papier, das beim Zusammenknüllen feste Knicke erzeugt (zum Beispiel Butterbrotpapier, Schreibmaschinenpapier, festes Einwickelpapier usw.)
- Sackleinen
- Wasserfarben und Deckweiß
- Wasserglas
- Pinsel und Schere

Anleitung

Das obere Drittel des Bildes ist mit zerknülltem Papier bedruckt. Ein etwa handgroßes Stück Papier wird fest zusammengedrückt. Auf die so entstandenen unregelmäßigen Knicke streicht man die Wasserfarbe und drückt es nicht zu fest auf die Unterlage. Die so zerknitterte Oberfläche ist auf dem Bild als Abdruck zu sehen. Das Papier darf nur leicht auf die Unterlage ge-

16

presst werden, da sonst die Knicke nicht mehr zu erkennen sind. Es lassen sich verschiedenfarbige Abdrucke gut übereinander setzen.

Besonders hübsch wirkt es, wenn die Farbe des einen Abdrucks getrocknet ist, bevor der nächste darüber gedruckt wird. Dann scheint nämlich die Struktur des einen Drucks durch die Farbe des zweiten Drucks hindurch. Sind die Knicke im Druckpapier allmählich zu feucht geworden, um einen zufriedenstellenden Abdruck zu ergeben, muss das Papier gewechselt werden.

Bei dieser Technik kann Deckweiß gut verwendet werden. Hat man schon einige bunte Abdrucke und setzt dann einen mit Deckweiß darüber, erhält man ein spannendes Ergebnis. In der Mitte des Bildes wird das Drucken mit Sackleinen gezeigt. Mit der Schere zerteilt man ein größeres Stück Sackleinen (z.B. ein ausgedientes Nikolaussäckchen) in kleinere Stücke. Die Oberfläche des Stoffes wird mit der Wasserfarbe eingefärbt und dann auf das Papier gepresst. Liegt der Stoff auf dem Papier, drückt man ihn mit den Fingern an allen Stellen fest auf die Unterlage. Nun wird das Stück Sackleinen vorsichtig abgehoben. Die Leinenstruktur hat einen schönen Abdruck hinterlassen.

Für den Schaumgummidruck wählt man unterschiedlich große Schaumgummistücke oder schneidet sich geometrische Formen, zum Beispiel ein Dreieck oder eine Rautenform, zurecht. Auf die Schaumgummioberfläche wird mit dem Pinsel Wasserfarbe aufgestrichen. Vorsichtig setzt man jetzt die eingefärbte Schaumgummioberfläche auf das Papier. Je nach Stärke des Drucks werden die Schaumgummistrukturen sehr zart oder großflächig zu sehen sein. Die Farbe im Schaumgummi lässt sich mit Wasser wieder herauswaschen.

DER BLÄTTERDRUCK

Anleitung

Im Herbst werden verschiedene Blätter gesammelt, man legt sie zwischen zwei Papierbogen und mit diesen zwischen die Seiten eines Buches. Das Buch wird dann mit einigen weiteren Büchern beschwert. Nach einigen Tagen prüft man, ob die Blätter wirklich ganz trocken und platt gepresst sind. Ist dies der Fall, kann mit dem Drucken begonnen werden. Auf die Unterseite des Blattes (das ist die Seite, auf der die Blattrippen plastisch zu sehen sind) streicht man die Wasserfarbe. Auch der Blattstiel wird eingefärbt. Dann presst man das Blatt fest auf das Papier. Man lässt es dort liegen und drückt mit den Handballen oder den Fingern noch einmal alle Blattteile fest auf den Untergrund. Nun kann das Blatt vorsichtig abgehoben werden. Vorsichtig deshalb, damit es beim Abnehmen

nicht verrutscht, denn sonst wären die Blattadern nicht mehr gut zu erkennen, die Farbe hätte sie verwischt. Ob die Farbe eher trocken oder eher nass aufgetragen wird, sollte man ausprobieren. Ist das Blatt mit sehr wässriger Farbe bestrichen, kann es sein, dass im Abdruck die Blattadern nicht mehr erscheinen. Ist dagegen der Farbauftrag zu trocken, wird es schwierig, das ganze Blatt gleichmäßig im Abdruck auf das Papier zu bringen. Blattdrucke lassen sich auch gut übereinander drucken. Dabei sollte der erste Abdruck getrocknet sein, ehe man einen zweiten darüber legt. Die Farbe kann man nach dem Drucken mit einem feuchten Lappen entfernen und eine andere auftragen. Sehr hübsch wirkt ein Blattabdruck auch, wenn man beim Aufbringen einer neuen Farbe auf einigen Blattteilen die vorherige Farbe stehen lässt. So erhält man einen mehrfarbigen Abdruck des Blattes.

DRUCKEN MIT STYROPOR

Material
◆ Papier
◆ Styroporstücke (zum Beispiel von Verpackungen)
◆ Schere
◆ Küchenmesser und -brettchen
◆ Wasserfarben und Pinsel
◆ Wasserglas

Anleitung

Man nimmt ein Styroporstück zur Hand und schneidet, je nach Dicke des Materials, mit dem Messer oder der Schere Formen aus dem Styropor, zum Beispiel Dreiecke, Quadrate, Rechtecke usw. Wird mit dem Messer dickeres Styropor geschnitten, so dient ein Küchenbrettchen als Unterlage. Man kann aber auch eine Styroporfläche mit den Fingern in unregelmäßige kleine Teile brechen und diese zum Drucken verwenden.

Auf die Oberfläche eines Styroporstückes wird mit dem Pinsel Wasserfarbe aufgetragen und dann wird mit diesem Stück auf das Papier gedruckt. Je trockener man die Wasserfarbe aufträgt, desto mehr wird die Styroporstruktur im Druck zu sehen sein. Es ist anzuraten, bei einem neuen Farbauftrag auch ein neues Stück Styropor zu benutzen.

DER SCHABLONENDRUCK

Anleitung

Aus der Pappe schneidet man ein Rechteck heraus und zeichnet mit dem Bleistift einen Baum ohne Blätter. Anschließend wird der Baum in einer Linie ausgeschnitten. Zuerst wird mit dem Papprechteck, aus dem der Baum herausgeschnitten wurde, gedruckt. Diese Schablone legt man auf das Papier und tupft mit dem Borstenpinsel die ge-samte herausgeschnittene Fläche aus. Durch das Tupfen mit dem Borstenpinsel entsteht eher als beim Ausmalen mit dem Pinsel eine rindenartige Struktur.

Nach dem Austupfen hebt man die Baumschablone vorsichtig vom Untergrund ab. Man kann mehrere Bäume nebeneinander oder einen Teil des Baumes über einen anderen tupfen. Jedoch sollte bei letzterem der abgebildete Baum so wie die Farbe, die beim Tupfen auf die Schablone geraten ist, erst trocknen, um unerwünschte Farbmischungen zu vermeiden. Natürlich kann man die Baumrinde eines Baumes mit verschiedenen, feucht ineinander getupften Farben gestalten.

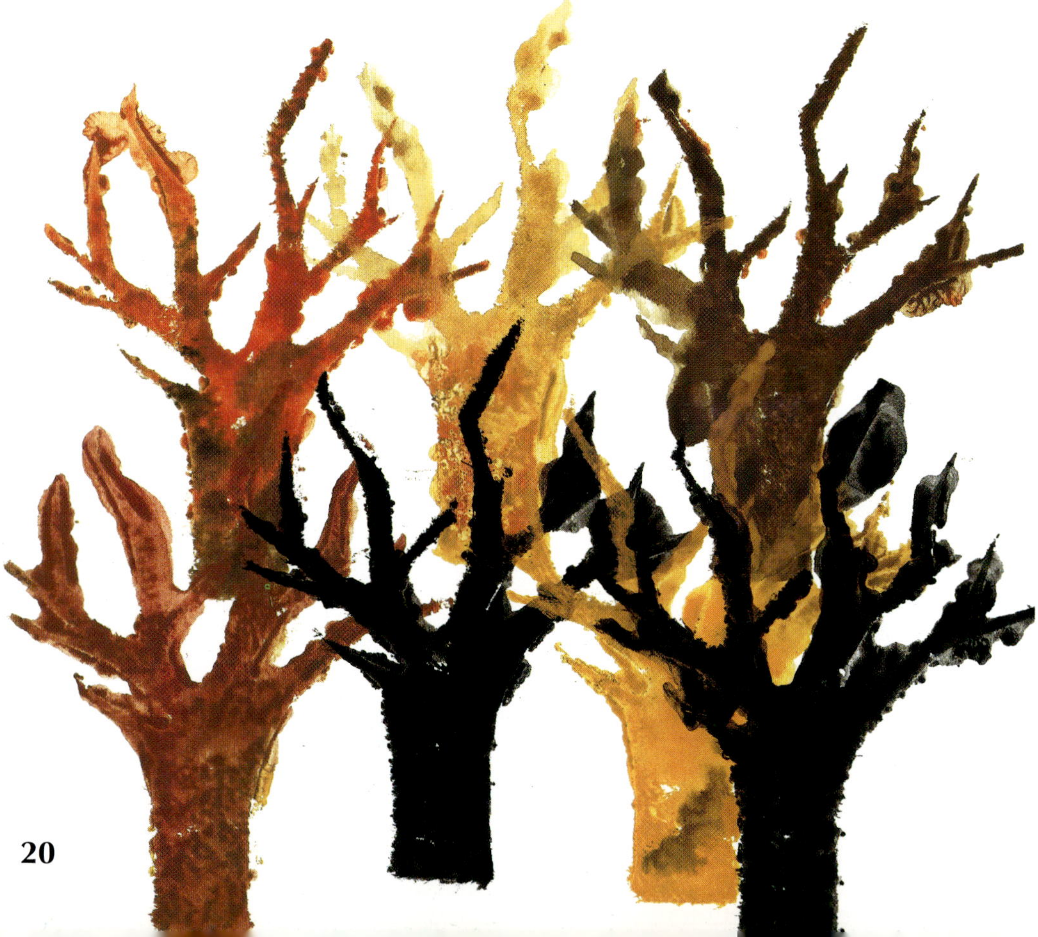

Der Baum wird auf ein Papprechteck gezeichnet.

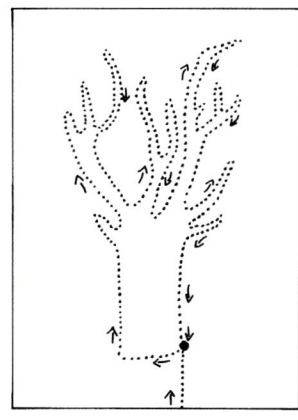

Material für das Gestalten mit dem herausgeschnittenen Baum

◆ schwarzes Tonpapier
◆ Deckweiß
◆ Wasserfarben
◆ Borstenpinsel
◆ Wasserglas

Entlang der punktierten Linie schneiden wir den Pfeilen nachgehend den Baum aus. An diesem Punkt ist der Baum fertig ausgeschnitten.

Auch mit dem aus der Pappe herausge-
schnittenen Baum lässt sich ein Bild
drucken. Der Baum wird auf das Tonpapier
gelegt, mit den Fingern der einen Hand auf
den Untergrund gedrückt und mit der anderen Hand tupft man mit dem Borstenpinsel die Farbe um den Baum herum. Die
Ränder des Pappbaumes dürfen beim Tupfen ruhig mit Farbe überdeckt werden,
denn so wird eine Abbildung des Baumes
mit gut erkennbaren Konturen gewährleis-

tet. Man hebt jetzt den Baum aus Pappe
vom Tonpapier ab, und weil zum Tupfen
Deckweiß verwendet wurde, teilweise vermischt mit blauer und grüner Wasserfarbe,
entsteht der Eindruck „Baum im Schnee".

Auch bei dieser Technik kann man mehrere Bäume in einem Bild zeigen. Wenn alle
Bäume gestaltet sind, füllt man die noch
vorhandenen schwarzen Flecken auf dem
Papier mit Farbtupfen.

DER EINMALDRUCK

Material
◆ Glasscheibe (zum Beispiel die Schei-
  be eines Wechselrahmens)
◆ Papier
◆ Wasserfarben und Wasserglas
◆ dicker Pinsel

Anleitung
Auf die saubere Glasscheibe setzt man mit
dem Pinsel nicht zu kleine Farbflecken
dicht nebeneinander. Die Farbe soll möglichst dick und nicht zu trocken aufgetragen werden. Auf die Glasscheibe mit der
noch nassen Farbe wird ein Papierbogen

gelegt und mit den Fingerspitzen oder dem Handballen darüber gestrichen. Jetzt hebt man das Blatt von der Glasscheibe ab. Beim Abheben darf das Papier ein wenig hin und her bewegt werden. Es entstehen ganz charakteristische Strukturen, wenn sich die Farben ein wenig vermischen. Eine andere Möglichkeit ist, ein Blatt Pa-pier mit den von der Glasplatte abgezoge-nen Farben völlig abtrocknen zu lassen, die Farbe vom Glas abzuwischen, neue Farben aufzutragen, das Papier mit den ge-trockneten Farbflecken wieder auf die Glasplatte zu legen und erneut die Farbe abzunehmen. Hier ergeben sich reizvolle Farbmischungen und Strukturen.

23

24

DRUCKBILDER

EIN BAUM IM HERBST

Technik
Pappkantendruck, Drucken mit Schaumgummi

Material
◆ Papier, feste Pappe
◆ kleine Schaumgummistücke
◆ Wasserfarben und Pinsel
◆ Wasserglas
◆ Schere

Anleitung
Für den Pappkantendruck wird aus der Pappe ein Stück mit der gewünschten Kantenlänge herausgeschnitten, die Kante mit brauner Wasserfarbe bestrichen und damit der Baumstamm gedruckt. Durch das versetzte Drucken mit der Pappkante lässt sich die Rindenstruktur sehr gut darstellen. Man kann die Rinde natürlich auch in unterschiedlichen Brauntönen gestalten. Die Äste werden ebenfalls mit der Pappkante gedruckt. Nun fehlen dem Baum noch die bunten Herbstblätter. Man nimmt ein beliebig geformtes Stück Schaumgummi und färbt es mit einer Herbstfarbe, etwa Gelb oder Orange, ein. Jetzt druckt man das Herbstlaub. Nach einigen Druckvorgängen wird der Schaumgummi erneut gefärbt, diesmal in einer anderen Herbstfarbe. Wieder wird das Laub gedruckt, aber jetzt auch teilweise über die schon bedruckten Stellen. So lassen sich mehrere Farbschichten übereinander setzen, bis der Eindruck „Herbstlaub" entsteht. Man kann beim Aufbringen einer neuen Farbe auf den Schaumgummi die vorhergehende Farbe darin belassen, dann mischt sich die Farbe beim Drucken selbst. Die Erde und der blaue Himmel werden auch mit Schaumgummi gestaltet. Zuletzt werden die grünen Gräser mit der Pappkante gedruckt.

DREI MÄDCHEN MIT LUFTBALLONS

Technik
Korkdruck, Pappkantendruck, Pinseldruck, Drucken mit Schaumgummi und zerknittertem Papier, Fingerdruck

Material
◆ Papier
◆ feste Pappe
◆ Korken
◆ Schaumgummi
◆ Borstenpinsel
◆ Papier, das beim Zusammenknüllen feste Knicke erzeugt, zum Beispiel Schreibmaschinenpapier, Butterbrotpapier usw.
◆ Wasserfarben und Pinsel
◆ Wasserglas
◆ Schere
◆ Finger

Anleitung

Zuerst werden die drei Mädchen mit ihren Luftballons gedruckt. Man beginnt mit den Köpfen, es ist ein Korkdruck. Für die Kleider schneidet man ein Stück Schaumgummi dreieckig zu, Arme, Beine und Schuhe bestehen ebenfalls aus einem Schaumgummiabdruck. Die Hände entstehen durch Fingertupfen. Um solch lustige Strubbelhaare zu drucken, zerknüllt man ein kleines Stück Papier und druckt es über jedem Kopf mit der gewählten Farbe mehrmals ab. Man nimmt für jede Farbe ein neues Stück zerknittertes Papier. Jedes Mädchen hält einen Luftballon in der Hand. Die Schnur, an welcher der Ballon befestigt ist, wird mit einer Pappkante gedruckt. Der Luftballon selbst ist wieder ein Korkdruck.

Die Gesichter der Kinder werden mit dem Pinsel aufgemalt. Da Augen, Nase und Mund, durch die Größe des Korkens bedingt, sehr klein sind, ist diese Vorgehensweise einfacher. Zum Schluss tupft man die Wiese mit dem Borstenpinsel auf das Papier.

DIE BURG IN DER NACHT

Technik
Drucken mit Gegenständen, Drucken mit Pappe, Fingerdruck

Material
- ◆ schwarzes Tonpapier
- ◆ Bausteine (Holzklötze)
- ◆ feste Pappe
- ◆ Plakafarben und Pinsel
- ◆ Wasserglas und Lappen
- ◆ Bleistift, Klebstoff und Schere
- ◆ Finger

Anleitung
Das schwarze Tonpapier stellt die Nacht dar, mit den Bauklötzen wird nun eine Burg gedruckt, über der am Himmel Mond und Sterne leuchten.

Man sollte Bauklötze verwenden, die nicht mehr gebraucht werden, sonst muss man damit rechnen, dass selbst bei sofortigem Entfernen der Farbe nach dem Drucken ein wenig Farbe in die Holzporen eindringt und dort haften bleibt. Dieses Druckverfahren findet bei Kindern sehr großen An-

klang, denn hier erleben sie ihr Bauen einmal in einer anderen Form, nämlich zwei-
dimensional im Bild.

Verwendet wird Plakafarbe, da Wasserfarbe, gedruckt auf dunkles Tonpapier, nicht
so schön leuchtet.

Auf die Oberfläche eines Bauklotzes wird
mit dem Pinsel die Plakafarbe ziemlich
dick aufgestrichen und dann auf das
schwarze Tonpapier gedruckt. Die Farbe
wird mit dem feuchten Lappen sofort nach
dem Drucken vom Bauklotz abgewischt,

bevor ein neuer zur Hand genommen
wird. Die Fenster und Türen druckt man
mit schwarzer Farbe über die bunte Farbe.
Auch die Pflastersteine vor der Burg werden als Bauklotzabdruck dargestellt.

Den Mond zeichnet man auf die Pappe,
schneidet ihn aus und klebt ihn auf einen
Korken. Mit gelber Farbe bemalt, wird er
nun abgedruckt. Die Sterne entstehen aus
gelben Fingertupfen. Das Bild ist fertig. Die
Burg leuchtet geheimnisvoll im Licht des
Mondes und der Sterne!

EINE GROSSE BUNTE SCHLANGE

Technik
Korkdruck, Pinseldruck, Pappkantendruck,
Drucken mit Pappe, Drucken mit Gegen-
ständen

Material
◆ Papier
◆ feste Pappe
◆ Korken
◆ schmales Holzrechteck
◆ Rundholz
◆ Wasserfarben und Pinsel
◆ Wasserglas
◆ Bleistift, Klebstoff und Schere

Anleitung
Zunächst wird der Baum fast an den Rand
des Papiers gedruckt. Die lange Seite des
Holzrechtecks wird mit brauner Wasserfarbe bemalt und abgedruckt. Nun ist die

Schlange an der Reihe. Ihr Körper besteht
aus lauter Korkabdrucken. Man beginnt
am besten mit der Schwanzspitze. Sie
hängt noch in den Ästen, dann windet sie
sich in Schlangenlinien über das Papier
hinab. Den Kopf der Schlange bildet ein
Rundholzabdruck. Das Auge wird mit dem
Pinsel aufgetupft und die gespaltene Zunge
ist ein Pappkantendruck. Auf die Pappe
wird eine Blattform gezeichnet, ausgeschnitten und auf einen Korken geklebt.

Die Blätter werden in unterschiedlichen
Grüntönen gedruckt, sie dürfen auch über
den Körper der Schlange hinausragen,
denn sie kommt ja zwischen den Blättern
hervor. Die Gräser und Blumenstängel
druckt man mit Pappkanten und tupft mit
dem Pinsel die Blüten darauf.

BEDRUCKTES ALLERLEI

EINE SPANSCHACHTEL - BUNT BEDRUCKT

Technik
Kartoffeldruck

Material
- ovale Spanschachtel
- Kartoffeln
- Küchenmesser und -brettchen
- Plakafarbe und Pinsel
- farbloser Lack (wasserlöslich)

Anleitung
Der Deckel der Spanschachtel wird mit Vierecken, die aus Kartoffeln geschnitten sind, bedruckt. Da für jede Farbe ein Viereck geschnitten werden muss, fallen sie mal mehr rechteckig, mal eher quadratisch aus. Man beginnt mit dem Drucken des äußeren Rands. Da man immer warten muss, bis ein Abdruck getrocknet ist, bevor man den nächsten setzt, druckt man gleich mehrere Abdrucke einer Farbe in die Reihe. Zur Deckelmitte hin wird das Oval immer enger. Hier werden die Vierecke zum Teil übereinander sitzen. Der untere Schachtelrand erhält auch noch einen bunten Streifen.

Eine Schachtel so zu gestalten, ist eine Arbeit für ältere Kinder, denn es dauert lange, bis die Farben jeweils getrocknet sind und die Deckeloberfläche ganz ausgefüllt ist. Außerdem muss recht exakt gearbeitet werden. Jüngere Kinder lässt man die Vierecke beliebig, mit Abstand auf die Fläche verteilt, drucken.
Zum Schluss wird über die Farben noch ein farbloser Lack gestrichen. Ein schönes Geschenk – aber man kann auch selbst viel Krimskrams in solch einer Schachtel aufbewahren.

GESCHENKPAPIER AUS DER EIGENEN WERKSTATT

Technik
Pappkantendruck, Fingerdruck, Drucken mit Gegenständen

Material
◆ hellbraunes Packpapier
◆ feste Pappe
◆ Plastikschraube
◆ quadratisches Holzstück
◆ Wasserfarben und Pinsel
◆ Wasserglas und Lappen
◆ Finger

Anleitung

Aus Packpapier lässt sich ein originelles festes Geschenkpapier herstellen.

Zuerst wird die Blume mit dem Rand der Plastikschraube gedruckt. Die Blumenmitte ist jeweils ein Fingertupfen. Aus der Pappe schneidet man eine Pappkante heraus und druckt damit die Blumenstängel. Noch einige quadratische Holzabdrucke dazwischengesetzt – fertig ist das Geschenkpapier.

Beim Drucken auf Packpapier sollte man möglichst leuchtende Farben, die sich gut vom Braun des Untergrunds abheben, verwenden. Dieses Geschenkpapier eignet sich ganz besonders zum Verpacken von festen Gegenständen mit einer geometrischen Form, wie zum Beispiel Bücher, Kartons usw.

BEDRUCKTE SERVIETTE

Technik
Drucken mit Gegenständen

Material
◆ gelbe Papierserviette
◆ Würfel
◆ Wasserfarben und Pinsel
◆ Wasserglas und Stofflappen

Anleitung

Man bemalt den Würfel mit Wasserfarbe und druckt ihn auf die Serviette in möglichst vielen verschiedenen Farben. Man sollte immer darauf achten, dass sich die Augen des Würfels nicht mit Farbe füllen, denn sonst bleiben sie auch im Abdruck nicht leer. Solche „gewürfelten Servietten" lassen sich sehr gut zu kleinen Säckchen binden, in denen Überraschungen versteckt sind.

Als Geschenkpapier eignen sich auch weiße oder farbige Seidenpapiere, die man noch verschönern kann, indem man sie bunt bedruckt. Wenn man damit ein dunkles Geschenk einpackt, sollte noch ein zweites weißes Seidenpapier darunter gelegt werden, damit das Geschenk nicht durchscheint.